RATGEBER & REZEPTE

Kleine Hände, Große Mahlzeiten

PFLANZLICHE BEIKOST

MIT BABY LED WEANING

Einfache und schnelle Rezepte für eine gesunde Ernährung mit hilfreichen Tipps für Eltern

KARLA NEY

Lektorat und Korrektorat: Finja Westerhove
Umschlaggestaltung: Nina Heiden
Satz und Layout: Nina Heiden

ISBN Taschenbuch: 978-3-910258-37-2
ISBN Hardcover: 978-3-910258-38-9

Inhaltsverzeichnis

Rezepte

5

HINWEIS

Dieses Buch wurde auf Basis des Wissensstandes der Autorin im Jahr 2023 geschrieben. Sie bezieht sich in der Nährstoffthematik auf die von der Deutsche Gesellschaft für Ernährung (DGE) als potenziell kritisch eingeschätzten Nährstoffe und auch auf die Zufuhrempfehlung der DGE. Inwieweit die Nährstoffzunahme durch Eier und gegebenfalls andere tierische Lebensmittel essenziell für die Ernährung in kritischen Lebensphasen ist (beispielsweise um Arachidonsäure, Cholin und gegebenfalls weitere Nährstoffe abzudecken), ist zu diesem Zeitpunkt nicht ausreichend geklärt. Die Autorin empfiehlt, den Diskurs dazu weiterhin zu verfolgen.

1

EINLEITUNG

in Baby Led Weaning

Über dieses Buch

Ich freue mich, dass ihr euch für dieses Buch als Einstieg in die vegane BLW-Beikost entschieden habt. Im Laufe des Buches werden wir uns mit allem Wichtigen rund um einen gelungenen Beikoststart beschäftigen und euch einfache und vollwertige Rezepte für die ganze Familie zeigen. Ich selbst bin studierte Sozialpädagogin und zertifizierte vegane Ernährungsberaterin und vereine somit Fachwissen aus Pädagogik und Ernährung.

Karla
Ney

Was ist eigentlich Baby Led Weaning?

Die Beikost eures Kindes erscheint euch vielleicht auf den ersten Blick wie ein Buch mit sieben Siegeln. Am Ende dieses Buches wird sich der Knoten in euren Köpfen hoffentlich gelöst haben und ihr könnt euer Baby entspannt und selbstsicher bei der Beikost begleiten. Fangen wir doch zuerst damit an, was es mit dem Begriff BLW überhaupt auf sich hat.

BLW bedeutet in der Langform **Baby Led Weaning**, was ins Deutsche übersetzt "die vom Baby gesteuerte Entwöhnung" (von der Muttermilch/Pre) bedeutet. Hierzulande wird der Begriff oft gleich gesetzt mit „breifrei", dies ist jedoch nicht ganz zutreffend, denn auch in der Ernährung von großen Essenden kommen oftmals Suppe, Porridge, Milchreis oder Ähnliches vor. Streng genommen also Brei, den BLW-Babys natürlich auch mitessen können.

Passender als „breifrei" wäre demnach also **„Familienkost"**. Denn anstatt, dass das Baby eben extra angefertigte oder gekaufte Babybreie gefüttert bekommt, kann es eine angepasste Version des Essens, was die ganze Familie auch zu sich nimmt, bekommen. Während auch Babys, deren Beikost sich nach dem Breifahrplan richtet, nach einigen Monaten auf den Familientisch umstellen, fangen BLW-Babys direkt damit an.

BLW liegt zugrunde, dass die Beikost erst angeboten wird, wenn das Kind alle Reifezeichen erfüllt, auf welche im folgenden Kapitel genauer eingegangen wird. Außerdem liegt dieser Beikosteinführung das Vertrauen zugrunde, dass das Kind selbst weiß, was es braucht. Wenn ein ausgewogenes Angebot an Nahrung und Muttermilch/Pre zur Verfügung steht, wird sich das genommen, was der kleine Körper gerade braucht. Wir gehen also davon aus, dass jedes gesunde Baby mit einem intuitiven Essverhalten geboren wird. Auch wir Erwachsenen hätten dieses noch, wenn es uns durch die Einflüsse in unserem bisherigen Leben nicht abhandengekommen wäre.

Beim klassischen Breifüttern spielt das Kind eine eher passive Rolle, die Eltern wählen die Art des Breies und das Kind bekommt diesen gefüttert. In manchen Fällen bestimmen auch die Eltern, wann das Kind satt ist und versuchen mit Tricks (beispielsweise: „Und noch ein Löffelchen für die Oma") mehr Brei zu füttern, als das Kind von sich aus essen würde.

Bei BLW nimmt sich das Kind das Essen selbst und kann so auch aufhören, wenn es gesättigt ist. Das natürliche Sättigungs- und Hungergefühl bleibt dadurch eher erhalten. Zudem ist bei BLW das Angebot in der Regel größer als bei Brei. So kann sich das Baby, das nach dem deutschen Breifahrplan startet, vermutlich zwischen Karottenbrei und keinem Brei entscheiden. Das BLW-Baby bekommt jedoch oftmals zu jeder Mahlzeit mehrere Komponenten. Hat es gerade beispielsweise einen erhöhten Fettbedarf, wird es womöglich zu den Pancakes mit Nussmus greifen. Ist jedoch der Calciumbedarf derzeit erhöht, wird es womöglich eher der Brokkoli.

Es sollten nicht strikt Milchmahlzeiten ersetzt, sondern sich an den individuellen Bedürfnissen des Kindes orientiert werden. BLW lehnt sich an die WHO-Empfehlung an, dass Muttermilch bis mindestens zum Alter von zwei Jahren empfohlen wird (und darüber hinaus, solange Mutter und Kind das wollen). Es geht also nicht darum, die Muttermilch/Pre zügig zu ersetzen, sondern ergänzend dazu feste Nahrung anzubieten. Es ist eben Beikost und keine Anstattkost.

Aufgrund dessen, dass das Kind in der Lage ist, selbstständig zu essen, kann es zu Beikostbeginn sinnvoll sein, besonders leicht greifbare Formen anzubieten. Meine Erfahrung hat jedoch auch gezeigt, dass die Babys sehr früh einen Weg finden Suppen, Porridge oder Ähnliches zu essen. Entweder mit der Hand oder beispielsweise mit einem bereits befüllten Löffel.

Bei BLW wird von Beginn an eine große Auswahl an Lebensmitteln angeboten, sodass das Kind sich das nehmen kann, was es gerade benötigt. Ich würde empfehlen darauf zu achten, dass nach der Einführung der Beikost mindestens drei Essenskomponenten angeboten werden. Auch eine Fettquelle sollte immer dabei sein, damit fettlösliche Vitamine besser aufgenommen werden können. Das könnte zum Beispiel Nussmus in einem Muffin oder in Öl gebratenes Gemüse sein.

Eine weitere Fettquelle ist das Pre geben/Stillen direkt vor oder nach der Mahlzeit. Damit die Verdauung besser mit ihrer neuen Aufgabe, der Verwertung von fester Nahrung klarkommt, wird empfohlen, vor und nach der Mahlzeit zu stillen/Pre zu geben. Jedoch ist es auch hier wieder wichtig, dass ihr auf euer Kind schaut und die Milch nach Bedarf anbietet. Nicht jedes Baby hat zu jeder Zeit Lust Milch zu trinken und sollte nicht gezwungen werden.

Wenn die Kinder selbst essen, landet in der Regel die ersten Monate deutlich weniger im Bauch, als wenn das Kind gefüttert werden würde. So entstehen in den meisten Fällen weniger Verdauungsbeschwerden. Sollte es zu Beginn dennoch zu Verstopfungen oder Ähnlichem kommen, kann es sinnvoll sein, die Beikost nochmal zu pausieren. Im Zweifelsfall ist es auf jeden Fall sinnvoll, das kinderärztlich abklären zu lassen.

Reifezeichen

Bevor ein Kind mit der Beikost anfängt, sollte es gewisse Reifezeichen erfüllen. Diese zeigen an, dass der kleine Körper schon bereit für feste Nahrung ist.

Auf diese 4 Zeichen solltet ihr achten:

1. Das Kind kann mit leichter Unterstützung im Rücken sitzen (dies könnt ihr testen, indem ihr schaut, ob eine Hand am unteren Rücken eurem Kind ausreichend Stabilität bietet, um nicht umzukippen).

2. Das Baby kann Essen selbstständig zum Mund führen (wenn es so weit ist, werdet ihr sehen, dass euer Baby im Spiel immer wieder gezielt Spielzeug in den Mund steckt).

3. Der Zungenstoßreflex ist verschwunden (das heißt, dass Nahrung nicht direkt wieder mit der Zunge aus dem Mund geschoben wird). Bei Brei ist das tatsächlich ein großes Thema, da man diesen Zungenstoßreflex übergehen könnte. Isst euer Baby jedoch selbstständig, wird es, falls der Reflex noch vorhanden sein sollte, die Nahrung nicht essen.

4. Der Kopf kann selbstständig gehalten werden.

Darüber hinaus empfiehlt die WHO, mindestens sechs Monate lang ausschließlich zu stillen/ Pre zu geben, bevor mit der Beikost gestartet werden kann.

Es hat sich auch gezeigt, dass die Entwicklung der Grobmotorik und die der Zungen- bzw. Mundmotorik sehr ähnlich verlaufen. Kinder, welche sich vom Rücken auf den Bauch drehen können, können so auch die feste Nahrung bedeutend besser im Mund herumführen als Kinder, die diese Fähigkeit noch nicht erlernt haben. Das heißt nicht, dass ihr zwangsläufig warten müsst, bis euer Kind diesen Skill hat (manche Kinder erlernen ihn erst deutlich später), es kann aber gut sein, dass ihr anschließend eine Verbesserung der Mundmotorik bemerken könnt.

Vorteile von Baby Led Weaning

BLW hat einige Vorteile gegenüber des Breifütterns. Diese sind unter anderem folgende:

Natürliches Essverhalten: Eigentlich weiß der menschliche Körper von Geburt an, welche Nährstoffe er aktuell braucht und nimmt sie sich. Wenn einem Baby ein breites Angebot an Speisen angeboten wird, wird es genau diejenigen nehmen, die es gerade braucht. Bei BLW kann es zudem selbst bestimmen, wie viel es essen möchte und kann so aufhören, sobald es satt ist. Das sind optimale Voraussetzungen, damit dieses natürliche Essverhalten erhalten bleibt.

Wenn Kinder dagegen mit Brei gefüttert werden, können sie unter Umständen nicht selbst entscheiden, was sie essen wollen (wenn beispielsweise nur eine Sorte Brei angeboten wird). Zudem kann es leichter passieren, dass ihr Sättigungsgefühl übergangen wird.

Die Sprachentwicklung: Bei BLW wird durch die verschiedenen Konsistenzen im Mund die Zungenmuskulatur trainiert, dies kann für die Sprachentwicklung von Vorteil sein. Schließlich braucht man auch zum Sprechen eine gestärkte Mundmuskulatur. Das ist natürlich keine Garantie dafür, dass ein Kind früh anfangen wird zu sprechen, jedoch mit Sicherheit eine gute Übung.

Die Hand-Augen-Koordination: Durch das selbstständige Greifen und zum Mundführen wird auch diese wunderbar trainiert, ebenso wie die Feinmotorik. Der Pinzettengriff lässt sich beispielsweise wunderbar durch das Essen-greifen üben. Auch der Umgang mit Besteck kann früh erlernt werden.

Der Familientisch: Bei BLW können alle Familienmitglieder gleichzeitig und miteinander essen. So lernt das Baby Essen als schönes Familienritual kennen. Während breigebende Eltern oftmals während der Mahlzeit nicht dazu kommen selbst zu essen, da sie mit füttern beschäftigt sind, ist dies bei BLW kein Problem.

Die Geschmacksprägung: In den ersten zwei Lebensjahren (und tatsächlich auch schon im Mutterleib) werden die Grundlagen für die Geschmacksentwicklung gelegt. Lernt ein Kind in dieser Zeit viele Lebensmittel kennen, kann sich dies positiv auswirken. So gibt es in den USA einen Trend „100 Foods before one" bei dem mit Listen abgehakt wird, ob das Kind vor dem ersten Geburtstag 100 verschiedene Lebensmittel kennengelernt hat. Während es zwar nicht zwangsläufig nötig ist, dass jedes neu gegessene Lebensmittel abgehakt wird, so ist es dennoch sinnvoll, frühestmöglich viele Geschmäcker einzuführen.

Es ist praktisch: Neben den Vorteilen für das Baby ist es auch für die Eltern oftmals schlicht und ergreifend praktischer, BLW zu praktizieren. Es muss sich nicht an strikte Breifahrpläne gehalten werden und auch bestimmte Uhrzeiten, zu denen gegessen werden sollte, gibt es nicht. Der Alltag mit Baby bietet viele Herausforderungen, da ist es doch besonders schön, wenn die Beikosteinführung sich für Groß und Klein ganz intuitiv anfühlt.

Geht es auch ohne Brei?

Selten bekommt man so viele ungefragte Ratschläge und Appelle wie in der ersten Zeit der Elternschaft. Einer dieser Ratschläge ist in vielen Fällen: „Das Kind braucht doch Brei, wie willst du sonst kontrollieren, dass es alle Nährstoffe bekommt?". Von dieser Sorge dürfen wir uns jedoch ganz entschlossen lösen, denn wie soll unser Kind sein natürliches Essverhalten behalten, wenn wir bestimmen, was es isst. So würde es schnell verlernen auf seinen Körper und seine Intuition zu hören. Tatsächlich ist der deutsche Breifahrplan auch nicht der „Heilige Gral". Karottenbrei sorgt beispielsweise schnell für Verstopfung, was bei Babys, die frisch mit der Beikost starten, sowieso ein Problem sein kann. Übrigens hat auch jedes Land seinen eigenen Breifahrplan, was schon zeigt, dass es zwar als Orientierung nett sein kann, jedoch nicht die einzig wahre Lösung ist.

Jedoch ist auch bestimmt nicht für jede Familie BLW das Passende und ihr dürft für euch herausfinden, was sich richtig anfühlt. Wenn ihr euch für Brei entscheidet, lest euch die Tipps zu achtsamem Füttern später in diesem Buch durch. Auch eine Kombination aus Brei und BLW kann für euch der richtige Weg sein. Letztendlich ist das richtig, was für die individuelle Familie klappt.

2

PÄDAGOGIK

Muss das Kind aufessen?

Die meisten von uns kennen den Spruch: „Wenn du deinen Teller nicht leer isst, gibt es morgen schlechtes Wetter". Ein Satz, der mit Sicherheit nur gut gemeint war oder einfach ohne irgendwelche weiteren Gedanken von Generation zu Generation übernommen wurde. Dennoch lohnt es sich, sich damit auseinanderzusetzen und ihn nicht erneut weiterzugeben.

Babys werden mit einem natürlichen Essverhalten geboren. Sie wissen, wann sie ein Milchbedürfnis haben und machen dies auch deutlich. Wenn sie satt sind, hören sie auf zu trinken. Später bei der Beikost weiß der Körper ebenso intuitiv, was er gerade braucht.

Hat das Kind zum Beispiel aktuell einen höheren Proteinbedarf werden eher proteinreiche Nahrungsmittel verzehrt (das könnten beispielsweise Hülsenfrüchte sein). Hat das Kind gerade einen erhöhten Kalorienbedarf (Wachstum, mehr Bewegung, etc.), isst es mehr als sonst oder eher Nahrungsmittel mit einer höheren Energiedichte als in anderen Phasen (das könnten dann beispielsweise Nussmus oder andere fettreiche Lebensmittel sein). Hierfür sollte das Angebot abwechslungsreich und vielfältig sein, damit das Kind diese Auswahl hat.

Ich beobachte dieses natürliche Sättigungsgefühl auch ganz eindeutig bei meinem Sohn. So isst er mit großer Begeisterung und egal wie gut es ihm schmeckt, und hört auf, sobald er satt ist. Das kann auch mitten in der Banane sein. Es gibt Phasen, in denen wünscht er sich Avocado mit Nussmus (deutet auf einen erhöhten Fettbedarf hin) und dann wieder Phasen, in denen vor allem Rohkost gegessen wird. In meiner Generation kenne ich kaum noch Menschen, die dieses natürliche Gefühl haben. Viel öfter wird der Teller leer gegessen oder nach festen Uhrzeiten gegessen, „weil es sich eben so gehört". Die Folge ist eine Gesellschaft, in der Übergewicht ein großes Problem ist und kaum noch jemand die Signale seines Körpers kennt und achtet.

Unseren Kindern sollten wir daher vermitteln, dass sie dann aufhören dürfen, wenn sie satt sind. Ganz ohne Sorge vor schlechtem Wetter und mit viel Gefühl für ihren Körper. Hierbei ist es auch relevant, dass akzeptiert wird, wenn das Kind die Mahlzeit beendet. Es sollten keine Überredungsversuche gestartet werden, sondern die Mahlzeit für das Kind nach Bedarf abgeschlossen werden. Auch hat es, pädagogisch gesehen, im Beikostalter noch keine Legitimation, dass das Kind sitzen bleiben muss, bis alle fertig sind.

Die Fähigkeit, sich in andere Personen hineinzuversetzen, kommt frühestens mit vier Jahren. Diese wäre jedoch nötig dafür, dass das Kind einen Sinn dahinter verstehen kann, wieso es anderen wichtig sein könnte, dass es sitzen bleibt. Die Entwicklung ist individuell und so gibt es Kinder, die auch deutlich früher die Gemeinschaft genießen und so lange am Tisch sitzen bleiben wollen, bis die letzte Person aufgegessen hat. Jedoch ist es auch völlig legitim, wenn ein Kind, nachdem es selbst gegessen hat, aufstehen möchte und seinem Bedürfnis nach Entdeckungen oder Bewegung nachgehen möchte.

Wie damit umgehen, wenn das Kind mit Essen wirft?

Es gibt verschiedene Gründe, wieso Kinder mit Essen werfen und je nachdem, welcher dem Verhalten zugrunde liegt, unterschiedliche Ansätze damit umzugehen. Natürlich ist das keine Garantie, dass danach nicht oder weniger mit Essen geworfen wird. Aber oftmals erleichtert ja auch das Verständnis für die Gründe, die Situation zu akzeptieren.

Mögliche Gründe sind:

1. **Das Kind ist überfordert mit dem Angebot.** Das ist gerade bei Babys im ersten Lebensjahr ein sehr häufiger Grund. Ist der Teller voll, möchten viele Kinder das Essen, das sie aktuell nicht wollen, aussortieren und werfen es hinab. Manche Kinder sind dadurch auch so beschäftigt, dass sie gar nicht erst mit Essen beginnen. Hier ist es sinnvoll, von jedem Lebensmittel nur eines vor das Baby zu legen und den gefüllten Teller bei den Eltern stehen zu lassen. Bei Bedarf wird dann selbstverständlich nachgereicht. Dadurch kann es zu Beginn auch sinnvoll sein, keine Teller anzubieten, sondern das Essen vor dem Kind aufs Tablett, eine Essensmatte oder direkt auf den Tisch zu legen. Manche Kinder möchten auch nichts vor sich liegen haben, auf das sie keinen Hunger haben. Für diesen Fall könntet ihr einen leeren „Resteteller" anbieten.

2. **Die Schwerkraft wird erkundet.** Wenn man herausfindet, dass Sachen, die man loslässt, nach unten fallen, macht es natürlich Spaß das auszutesten und weiter zu erkunden. Hierbei gibt es tatsächlich keinen sinnvollen Tipp, außer abzuwarten bis die Schwerkraft ausgiebig erkundet wurde und gegebenfalls auch während Spielzeiten immer wieder Möglichkeiten zum Erkunden ebendieser zu schaffen.

3. **Selbstwirksamkeit.** Die meisten Kinder haben große Freude daran zu erleben, dass ihr Handeln eine Wirkung hat: „Aha, wenn ich das werfe, reden meine Eltern plötzlich ganz laut „Spannend". Hier kann es hilfreich sein, dem Werfen keine große Aufmerksamkeit zu geben. Die Sachen bleiben unten liegen und werden nicht kommentiert. Wichtig hierbei ist, dass zwar das Werfen ignoriert wird, jedoch nicht das Kind an sich.

Ein kleiner Tipp, um den Putzaufwand nach dem Essen möglichst klein zu halten: Ihr könnt eine Schreibtischmatte unter den Stuhl des Kindes legen. Diese gibt es günstig zu kaufen und kann nach der Mahlzeit einfach kurz zur Reinigung in der Dusche abgebraust werden.

Sorge vor dem Verschlucken

Die Sorge vor dem Verschlucken begleitet viele Eltern in der Beikostzeit ihrer Babys. Es ist diesbezüglich absolut ratsam einen **Erste-Hilfe-Kurs für Kinder** zu besuchen, damit im Ernstfall keine Unsicherheit entsteht, wie gehandelt werden muss. Dies kann in Bezug auf die Beikost sein, aber auch zu Unfallthemen, Fieberkrampf, Pseudokrupp oder Ähnlichem. Inzwischen gibt es auch diverse Online-Kurse, die jederzeit absolviert werden können.

Das Risiko, sich bei der BLW zu verschlucken, ist jedoch gar nicht größer als beim Breifüttern. Der Würgereflex liegt bei Babys noch sehr weit vorne auf der Zunge. Wird das Kind gefüttert, kann dieser schnell übergangen werden und das Kind kann die Nahrung nicht mehr in ausreichendem Maße steuern. Bei BLW hingegen schiebt sich das Kind die Nahrung selbstständig in den Mund und hat mehr Kontrolle darüber.

Babys, welche mit der Beikost starten, verschlucken sich häufig. Das sieht oftmals beunruhigend aus und kann dazu führen, dass die Kinder rot werden, tränende Augen haben, würgen oder sogar erbrechen. Dies ist jedoch in den meisten Fällen kein Grund zur Sorge und natürlicher Bestandteil des Essenlernens. Ihr solltet dabei keinesfalls eingreifen, da ihr mit eurem Finger erst recht die Nahrung Richtung Luftröhre schieben könntet und somit eine Gefahrensituation entstehen lassen könntet. Wenn das Kind Anzeichen des Erstickens hat, handelt es sich tatsächlich um eine Gefahrensituation und ihr müsst die im Erste-Hilfe-Kurs erlernten Skills einsetzen.

Anzeichen des Erstickens sind ein panischer, eingefrorener Gesichtsausdruck, fehlendes Einatmen und blaues Anlaufen.

Im Englischen wird das Verschlucken als **„Gagging"** und das Ersticken als **„Choking"** bezeichnet und es gibt zahlreiche Videos von „Gagging" bei Kindern online, sodass ihr euch zuvor vorbereiten könnt, was euch eventuell erwarten wird. Bei den meisten Kindern hört diese Phase jedoch auch sehr schnell wieder auf.

Auch Breikinder sollten mit zehn Monaten auf feste Nahrung umsteigen. Das heißt, selbst wenn ihr mit Brei starten würdet, wäre das Thema nur für wenige Monate aufgeschoben. Achtet unbedingt auf eine sichere Essensumgebung, dies heißt, dass das Kind aufrecht sitzen soll. Entweder im Hochstuhl (auf keinen Fall in einer halbliegenden Babyschale), mit einem Fußbrett direkt unter den Füßen oder auf dem Schoß eines Erwachsenen. Entwicklungsphysiologisch gesehen, sollte das Kind erst in den Hochstuhl gesetzt werden, wenn es sich selbstständig hinsetzen kann. Sollte es jedoch auf dem Schoß für euch gar nicht funktionieren, kann abgewogen werden, das Kind für die kurze Zeit der Mahlzeit dennoch in den Stuhl zu setzen.

Achtsames Füttern

Im engeren Sinne ist Füttern zwar kein Teil von BLW, jedoch bietet es sich in manchen Situationen trotzdem an, beziehungsweise fordern es manche Kinder auch aktiv ein. Denn auch breiige Konsistenzen können Bestandteil des Familientisches sein, beispielsweise Porridge, Müsli, Suppen, Kartoffelpüree oder Ähnliches. Beikostanfänger:innen fällt es oftmals schwer, selbst zu löffeln. **Eine Option könnte dann sein, ihnen gut greifbare Lebensmittel zum Dippen zu geben. In die Suppe beispielsweise Brot, in den Kartoffelbrei Gemüsesticks und in das Porridge eine Banane.**

Falls euer Kind den Löffel schon greifen und zum Mund führen kann, das Löffeln an sich aber noch schwerfällt, könnt ihr auch immer einen Löffel beladen und vor das Kind legen oder dem Kind den Löffel direkt in die Hand geben. Hier kann sich ein **Esslernlöffel** anbieten, diese sind oftmals für kleine Kinderhände leichter zu greifen und haben eine tiefere Mulde. So fallen die Speisen, auch wenn der Löffel auf dem Weg zum Mund mehrfach gedreht wird, nicht so leicht heraus.

Meistens lässt sich das Füttern durch diese Optionen vermeiden. Entscheidet ihr euch dennoch dafür zu füttern, ist es wichtig, die Signale des Kindes gut zu beobachten.

Biete den Löffel nur an, wenn das Kind wirklich bereit dafür ist. Ist der Blick des Kindes dem Löffel zugewandt? Ist der letzte Bissen schon geschluckt? Öffnet das Kind den Mund für den nächsten Bissen?

Das Essen sollte ohne Zwang erfolgen und die Signale, dass das Kind satt ist oder es ihm nicht schmeckt, sollten sofort respektiert werden.

Kinder haben, wie auch Erwachsene, nicht jeden Tag den gleichen Hunger und ändern ihren Geschmack auch gerne mal täglich. Was heute noch gut geschmeckt hat, kann morgen gänzlich verweigert und übermorgen wieder geliebt werden. Gerade wenn Babys einen Entwicklungssprung machen oder zahnen, ist es sehr üblich, dass für einige Zeit kaum feste Nahrung gewünscht wird.

Wählerisches Essverhalten

Ein Thema, das wohl viele Eltern beschäftigt. Kinder, die entweder wenig essen oder nur sehr ausgewählte Produkte essen. Auch im Deutschen wird immer öfter der englische Begriff **„Picky Eating"** verwendet.

Es gibt medizinische Gründe, die ein solches Essverhalten begründen könnten. So beispielsweise ein Eisenmangel oder ein verkürztes Zungen- oder Lippenbändchen. Wenn ihr diesbezüglich beunruhigt seid, sprecht es mit eurer Kinderärztin oder eurem Kinderarzt ab. Bei einem Verdacht auf einen Eisenmangel sollte darauf geachtet werden, dass der Ferritinwert bestimmt wird und nicht nur der Hämoglobinwert. Ferritin ist ein zuverlässigerer Langzeitparameter. Auch sollte das Kind bei der Blutentnahme gesund sein, da ein Infekt das Ergebnis verfälschen könnte. So könnte ein Eisenmangel durch einen Infekt maskiert werden und den Ferritinwert recht hoch sein, auch wenn er ohne Infekt unter dem Referenzbereich wäre.

Es gibt aber auch viele Gründe, wieso dies eine völlig normale Phase der Entwicklung sein kann. Allen voran handelt es sich insbesondere im ersten Lebensjahr um Beikost und nicht Anstattkost. Es soll also die Muttermilch/Pre nicht ersetzen, sondern ergänzen.

Evolutionär gesehen ist es auch ganz natürlich, dass ein Kind, welches immer mobiler wird, oft nur das isst, was es schon kennt. So konnte sich schon das Urzeit-Kleinkind vor Vergiftungen schützen. **Dies ist auch der Grund, wieso viele Kleinkinder weder Grünes noch Bitteres wollen, weil dies nämlich Merkmale sind, die oftmals auch von giftigen Pflanzen erfüllt werden.**

Viele Kinder snacken lieber als zu den Hauptmahlzeiten zu essen. Das kann auch darin begründet sein, dass das Kind zu den (oftmals ja von uns gewählten) Zeiten keinen Hunger hat. Dies ist auch völlig in Ordnung, da wir ja unterstützen wollen, dass das Kind sein natürliches Hunger- und Sättigungsgefühl behält und nicht nur isst, weil eben Zeit dafür ist. Man sollte dabei aber beachten, dass die angebotenen Snacks gesund und abwechslungsreich sind. Wenn ein Kind nur gekaufte Babykekse statt vollwertiger Hauptmahlzeiten isst, wird es wohl sinnvoll sein, etwas an der Situation zu ändern. Isst das Kind jedoch beispielsweise etwas Gemüse oder Obst als Snack und dazu einen selbst gemachten Vollkornpancake, ist der Snack nicht schlechter, als eine Hauptmahlzeit wäre. Für die Zahngesundheit ist es zudem ratsam, Pausen zwischen den Mahlzeiten einzulegen.

Zu guter Letzt kann auch ein „Rückschritt" zu mehr Milch völlig normal sein. Gerade wenn ein Zähnchen drückt oder das Kind sich aufgrund von Schub oder Ähnlichem unwohl fühlt, ist es oftmals nicht bereit feste Nahrung zu sich zu nehmen. Gerade beim Zahnen kann ich sehr empfehlen, dem Kind selbstgemachtes Eis anzubieten. Dies kann beispielsweise eines aus dem Rezepteteil dieses Buches sein. Es können aber ebenso gut übrig gebliebene Porridgereste püriert und in Eisförmchen eingefroren werden. Manche Kinder mögen auch eingefrorene Muttermilch/Pre zum Kühlen der schmerzenden Kauleisten.

Wichtig ist es dabei entspannt zu bleiben. Stress verschlimmert die Situation oftmals und die Nahrungsaufnahme sollte niemals unter Zwang erfolgen. Während viele Kinder diese Picky-Eater-Phase um den zweiten Geburtstag herum haben, gibt es auch Kinder, die direkt damit in die Beikostzeit starten und im Laufe der Zeit immer offener bezüglich neuer Lebensmittel werden. Ein Kind muss niemals gegen seinen Willen probieren. Das kann nämlich die Abneigung gegen das Lebensmittel verstärken.

Es gibt jedoch ein paar Tipps, die zu einer offeneren Esssituation beitragen können. Das eine wäre, dass ihr schaut, ob euer Essenszeitfenster zu eurem Kind passt oder ob es eher etwas früher oder später Hunger hat. Partizipation hilft vielen Babys und Kleinkindern hierbei. So können auch Babys durch das darauf Zeigen schon mitbestimmen, was sie essen möchten.

Wenn sie etwas älter sind, können sie auch in den Einkauf miteinbezogen werden und sich beispielsweise Obst aussuchen. **Viele Kinder haben mehr Lust auf Nahrung, wenn sie bei der Zubereitung der Mahlzeit dabei waren.** Zu Beginn kann das in der Trage oder auf einer Krabbeldecke in der Küche erfolgen. Wenn das Baby stehen kann, ist ein Lernturm oftmals eine sinnvolle Anschaffung. Es muss hierbei dringlich darauf geachtet werden, dass keine heißen Lebensmittel in Reichweite des Kindes sind. Verbrühungen und Verbrennung stellen ein großes Risiko dar.

So kann das Kind beispielsweise schütten helfen oder mit einem Kindermesser oder Wellenschneider auch schon weiche Lebensmittel schneiden.

3

LEBENSMITTEL

& Inhaltsstoffe

Ungeeignete Lebensmittel

1. Salat oder Ähnliches

Diese sind erst geeignet, wenn das Kind mindestens vier Backenzähne hat. Die blättrige Konsistenz kann sonst dafür sorgen, dass der Salat am Gaumen festhängt, da das Baby ihn nicht klein mahlen konnte.

2. Salz

Vor dem ersten Geburtstag sollten nicht mehr als ein Gramm pro Tag, danach nicht mehr als zwei Gramm pro Tag bis zum dritten Geburtstag vom Kind konsumiert werden. Für Erwachsene werden nicht mehr als sechs Gramm Salz empfohlen. Achtet hier auch auf verarbeitete Lebensmittel. Diese sind nämlich oft wahre Salzbomben. Jedoch ist auch eine allzu große Panik vor Salz in der Regel nicht notwendig, denn Babys essen ja oftmals so geringe Mengen, dass man meistens nicht die Höchstmenge erreicht.

3. Zimt

Bitte achtet darauf, kein Cassia-Zimt zu verwenden, denn dieser kann erhöhte Mengen an Cumarin enthalten, was sich schädigend auf die Leber auswirkt. Ceylon-Zimt hingegen ist in Ordnung. Hierauf solltet ihr insbesondere achten, wenn ihr beispielsweise weihnachtliche Gewürzmischungen verwendet.

4. Alkohol & Koffein

Auch nicht verbacken oder verkocht anbieten, da nicht ausreichend erforscht ist, wie viel hiervon noch im Endprodukt enthalten ist. Klar jedoch ist, dass Koffein und Alkohol auch schon in geringen Mengen schädlich für Babys sind.

5. Honig oder Ahornsirup

Im ersten Lebensjahr auf jeden Fall meiden. Es besteht die Gefahr des Botulismus. Die Folgen können von Muskellähmung bis hin zur Atemaussetzung reichen. Manche Fachgesellschaften empfehlen, bis zum dritten Geburtstag darauf zu verzichten.

6. Prallelastisches Obst

(z. B. Heidelbeeren oder Trauben)
Sollten mindestens halbiert, besser noch geviertelt oder zerdrückt werden, im Idealfall sogar bis ins Grundschulalter. Die Prallelastizität könnte dafür sorgen, dass das Lebensmittel die Luftröhre komplett verschließt, sich festsetzt und auch Mediziner:innen es nicht ausreichend schnell entfernen können. Manche Quellen sagen, dass diese Lebensmittel nur geteilt werden sollten, bis die Kinder drei sind. Jedoch sind auch junge Kinder über dieses Alter hinaus schnell abgelenkt oder unachtsam beim Essen und die Esssituation könnte somit zur Gefahr werden.

7. Nüsse oder rohe Karotte

Sind sehr hart und sollten daher auch erst im Grundschulalter gegeben werden. Gemahlen oder gerieben stellen sie kein Problem dar. Es gibt einen passenden Leitsatz diesbezüglich: „Eine ganze Nuss sollte nur essen, wer das Wort Nuss schon selbstständig schreiben kann".

8. Zucker

Zucker hat nicht so direkte und unmittelbar gefährliche Auswirkungen wie Salz, aber er ist dennoch langfristig schädlich (insbesondere in Bezug auf die Zahngesundheit, Diabetes, Krebs usw.). Deshalb rate ich davon ab, kleinen Kindern zugesetzten Zucker zu geben. Alternativen wie Dattelzucker, etc. bieten zwar noch andere Nährstoffe, aber begünstigen dennoch, dass Kinder eine Gewöhnung an den süßen Geschmack entwickeln und somit später eher zu einer ungesünderen Ernährung neigen können. Gerade im ersten Lebensjahr ist es am gesündesten auf das Süßen der Mahlzeiten zu verzichten. Irgendwann wird jedoch der Zeitpunkt kommen, an dem die Kleinkinder sich nicht mehr mit einer zuckerfreien Alternative zufriedengeben, wenn Eltern oder andere Bezugspersonen etwas Süßes essen. Dann ist es an der Zeit, sich mit dem Thema auseinanderzusetzen und einen passenden Weg für die Familie zu finden. Eine Kategorisierung und ein Verbot von Lebensmitteln können dabei langfristig Essstörungen begünstigen und dazu führen, dass die Kinder, sobald sie ohne Kontrolle essen, enorm viel Zucker essen. Im Bezug darauf wäre es ratsamer einen ausgewogenen Umgang mit dem Süßen zu finden und diesen auch aktiv vorzuleben.

Es gibt jedoch auch Lebensmittel, die zu Unrecht einen schlechten Ruf haben.

1. Vollkornprodukte

Enthalten je nach Nährstoff bis zu 98 % mehr als Auszugsmehl (z. B. Eisen und Zink). Sollte euer Kind jedoch besonders schnell gesättigt sein, kann es sinnvoll sein, helles Mehl und Vollkornmehl zu kombinieren, da die vielen Ballaststoffe im Vollkornmehl eine schnelle und lange Sättigung begünstigen.

2. Leinsamen

Sind eine super Nährstoffquelle. Im ersten Lebensjahr sollte sich der Konsum aufgrund der Blausäure zwar auf ½ Teelöffel pro Tag beschränken, aber beispielsweise im Brot verbacken nimmt das Kind in der Regel deutlich geringere Mengen zu sich. Hier überwiegt also definitiv der Vorteil, denn Leinsamen sind eine großartige Quelle für Ballaststoffe, Omega 3 Fettsäuren (ALA), Protein, Calcium, Kalium und Magnesium.

3. Soja

Eine tolle Quelle an Protein, Eisen und Zink und in Maßen super ab Beikoststart geeignet. Im ersten Lebensjahr kann es sinnvoll sein, nur eine Portion Soja pro Tag anzubieten. Das wäre zum Beispiel 250 ml Sojamilch/ 120 g Tofu/Tempeh oder 120 g Edamame. Übrigens können die Nährstoffe in Tempeh durch die Fermentierung besser aufgenommen werden als in Tofu. Vielleicht habt ihr davon gehört, dass Soja schädlich sein könnte aufgrund seiner möglicherweise „hormonverändernden Wirkung". Diese Aussage bezieht sich darauf, dass Soja sogenannte Phytoöstrogene/Isoflavone enthält. Die Behauptung, dass dies einen negativen Einfluss haben könnte, stammt jedoch aus Studien an Tieren, die deutlich höhere Mengen an Soja zu sich genommen haben. Studien an Menschen zeigten sogar, dass Soja eine präventive Wirkung in Bezug auf Brust- und Prostatakrebs haben kann. Die hier genannten Mengen sind daher, nach aktuellem Stand der Wissenschaft, vollkommen unbedenklich und sogar gesundheitsförderlich.

4. Nussmus

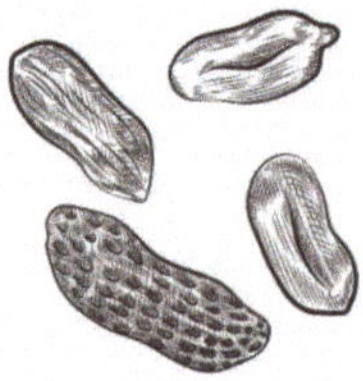

Im Gegensatz zu ganzen Nüssen ist Nussmus ein super Produkt für den Beikoststart. Je nach Nussmus ist es eine herausragende Quelle für Zink, Eisen, Calcium, gesunde Fette, Protein und vieles mehr. So enthalten insbesondere Tahin und Kürbiskernmus viel Eisen.

5. Kakao

Enthält zwar in geringen Mengen Koffein, aber in Maßen (beispielsweise ein Esslöffel im Bananenbrot) stellt dies kein Problem dar.

6. Hülsenfrüchte & Rohkost

Wenn euer Kind diese gut verträgt, spricht absolut nichts dagegen sie von Anfang an anzubieten. Gerade bei Hülsenfrüchten sollte jedoch auf eine sichere Zubereitung geachtet werden, da sie im Rohzustand Lektine enthalten, die zu Vergiftungserscheinungen führen können. Ein sicherer Verzehr ist dann möglich, wenn die Hülsenfrüchte so lange unter fließendem Wasser gereinigt werden, bis das abfließende Wasser klar ist. Anschließend sollten sie noch gekocht oder eingeweicht werden.

Umgang mit Allergenen

Wenn keine familiäre Vorgeschichte bekannt ist, sollten häufige Allergene möglichst früh nach Beikostreife eingeführt werden. Hat jedoch ein Eltern- und/oder Geschwisterteil eine bekannte Allergie oder ist das Baby anfällig für Neurodermitis, sollte die Allergeneinführung mit Fachpersonal besprochen werden. Dies könnte in der Kinderarztpraxis oder mit Allergolog:innen geschehen. Manche Allergene (wie z. B. Kuhmilcheiweiß) werden auch über die Muttermilch übertragen, sodass hier auch schon vollgestillte Babys Symptome zeigen können.

Potenziell kritische Nährstoffe bei veganer Ernährung

In jeder Ernährung gibt es kritische Nährstoffe. Nur weil eine Familie sich omnivor ernährt, heißt dies nicht, dass sie nicht Gefahr läuft, einen Mangel zu entwickeln. Tatsächlich setzen sich vegane Familien oftmals intensiver mit den Nährstoffen auseinander und sind demnach auch gut versorgt. Die Zufuhrempfehlungen basieren auf den offiziellen Empfehlungen der DGE im Jahre 2023. Die Angabe 10 mg/d bedeutet 10 Milligramm pro Tag.

Vitamin B12

An sich kommt B12 in einer veganen Ernährung nicht vor und sollte daher ab Beikostreife über ein Supplement gedeckt werden. Der Gehalt der Muttermilch hängt stark von der Versorgung der Mutter ab. Ein jährlicher Check im Blutbild des aussagekräftigen Langzeitparameters „Holo-Transcobalamin" kann daher ratsam sein. Es sollte auch beachtet werden, dass tierische Produkte B12 enthalten, da es ihnen supplementiert wird. Ihr würdet daher eigentlich nur den Umweg über das Tier sparen. Zudem sind veganen Ersatzprodukten, insbesondere Pflanzendrinks, oftmals B12 zugesetzt. Dies sollte bei der Ausrechnung der Dosierung berücksichtigt werden.

DGE Zufuhrempfehlung:

- 4 – 12 Monate: 1,4 µg/d
- 1 – 4 Jahre: 1,5 µg/d
- Erwachsene: 4,0 µg/d

Eisen

Eisen sollte nur supplementiert werden, wenn ein Mangel nachgewiesen wurde! Als potenzielles Radikal steht es im Verdacht die Zellen anzugreifen und krebsförderlich zu sein. Im Blut sollte das Ferritin und nicht nur der Hämoglobinwert bestimmt werden und darauf geachtet werden, dass die Blutabnahme nicht während einer Krankheit stattfindet.

Die Bioverfügbarkeit von Eisen kann gesteigert werden, indem eine Vitamin-C-Quelle und eine organische Säure dazu angeboten werden. Beispielsweise ein Stück Paprika und ein Schuss Zitronensaft. Beachtet dabei, dass Vitamin C sehr hitzeempfindlich ist und daher eine frische Quelle genommen werden sollte. Obstmark oder Ähnliches sind weniger gut geeignet. Auch das Einweichen von Saaten und Flocken verbessert die Bioverfügbarkeit, da dadurch Inhaltsstoffe neutralisiert werden, welche die Aufnahme hemmen würden. Eine Option für eine besonders bioverfügbare Eisenquelle wären beispielsweise gekeimte Vollkornnudeln, welche oftmals in Bioläden oder bei Online-Händlern zu finden sind. Während das pflanzliche Nicht-Häm-Eisen zwar eine schlechtere Bioverfügbarkeit als das tierische Häm-Eisen hat, besitzt die pflanzliche Variante jedoch auch ein geringeres Risiko eine zellschädigende Wirkung zu haben.

In Bezug auf Eisen und weitere Nährstoffe bietet es sich an, so weit wie möglich auf **Vollkornprodukte** zurückzugreifen, beispielsweise in Form von **selbstgebackenem Brot oder Nudeln**.

Muttermilch/Pre enthalten nicht viel Eisen, weswegen eine eisenreiche Beikost essenziell ist. Ist ein Kind reif geboren und die Nabelschnur konnte auspulsieren, reicht der Eisenspeicher in der Regel für mindestens 6 Monate. Sollte das bei eurem Baby nicht der Fall sein, sprecht eure Bedenken bei der nächsten U-Untersuchung an.

Pflanzliche eisenreiche Lebensmittel sind unter anderem:

- Hülsenfrüchte (Linsen, Soja und Kichererbsen)
- Hafer und Hirseflocken
- Nussmus (insbesondere Kürbiskernmus und Tahin)
- Trockenfrüchte

DGE Zufuhrempfehlung:

- 0 – 4 Monate: 0,5 mg/d
- 4 Monate – 4 Jahre: 8 mg/d
- Erwachsene: 10 mg/d

Jod

Jod ist in Muttermilch / Pre enthalten. Auch hier hängt der Gehalt der Muttermilch jedoch stark vom Versorgungsstatus der Mutter ab. Der Bedarf an Jod bei stillenden Müttern ist erhöht, daher ist es ratsam, während der Stillzeit den Versorgungsstatus der Mutter überprüfen zu lassen. Je weniger davon getrunken wird, desto mehr werden andere Quellen für die Jodaufnahme benötigt. Jod ist in Fisch, sowie teilweise in Kuhmilch und Fleisch enthalten (wird den Weidetieren supplementiert). Fische nehmen es auf, da sie jodhaltige Algen essen. Jodsalz ist als Quelle nicht geeignet, da es zum einen den Jodbedarf nicht deckt (selbst wenn man die empfohlene Höchstmenge an Salz ausschließlich in Form von Jodsalz essen würde) und zum anderen sollte bei kleinen Kindern möglichst wenig gesalzen werden.

Jod sollte nicht im Blut bestimmt werden, da der Wert sehr schwankt. Eine Bestimmung des Versorgungsstatus ist über den Urin (spontan oder 24 h Sammelurin) ratsam. Auch von Algen zur Bedarfsdeckung rate ich ab, da ihr Jodgehalt teilweise um das 100-fache schwankt.

DGE Zufuhrempfehlung:

- 4 – 12 Monate: 80 µg/d
- 1 – 4 Jahre: 100 µg/d
- Erwachsene: 200 µg/d

Vitamin D

Vitamin D wird über die Sonneneinstrahlung auf der nackten Haut synthetisiert. Wird die Haut durch Sonnencreme oder Ähnliches geschützt, verschlechtert das die Synthese und ein Supplement kann nötig sein. Darüber hinaus ist in deutschen Breitengraden die natürliche Deckung im Winter nur schwer durch die Sonne möglich. Im ersten Lebensjahr wird das Supplement in Deutschland durch die Krankenkasse übernommen. Vitamin D ist fettlöslich, wodurch es in öliger Tropfenform besser aufgenommen werden kann als in Form von Tabletten. Im ersten Lebensjahr ist für die empfohlene Zufuhrempfehlung noch kein K2 nötig, um die volle Aufnahme zu ermöglichen. Ab dem ersten Geburtstag erhöht sich die Zufuhrempfehlung und K2 kann sinnvoll sein.

DGE Zufuhrempfehlung:

- 0-12 Monate: 10 µg/d oder 400 IE
- ab 1 Jahr: 20 µg/d oder 800 IE

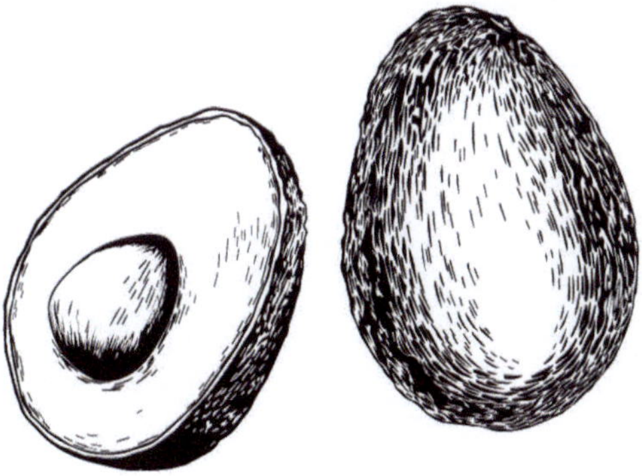

Zink

Wie bei Eisen sind auch hier die hemmenden und fördernden Faktoren sehr wichtig. Einweichen und eine organische Säure können enorm bei der Aufnahme helfen.

Gute Quellen sind:

- Vollkorngetreide (Zink ist hauptsächlich in den Randschichten des Korns enthalten)
- Nüsse und Ölsaaten (beispielsweise Kürbiskerne)
- Hülsenfrüchte

Bei geringer Aufnahme und geringem Körperspeicher ist die Resorption höher, bei Eisen übrigens auch. Der Versorgungsstatus von Zink wird idealerweise im Vollblut bestimmt.

DGE Zufuhrempfehlung:

- 4-12 Monate: 2,5 mg/d
- 1-4 Jahre: 3 mg/d
- Erwachsene: ca. 12 mg/d

Omega-3 Fettsäuren

Prinzipiell kann ALA über pflanzliche Nahrung aufgenommen werden (z. B. in Hanf-, Lein- oder Chiasamen). Dieses kann zu EPA und DHA umgewandelt werden. Diese Umwandlung ist allerdings limitiert und gerade bei Kleinkindern oft nicht gut. Eicosapentaensäure (EPA) und Docosahexaensäure (DHA) sind allerdings enorm wichtig für die Entwicklung des kindlichen Gehirns, daher ist es bei veganer Ernährung meistens sinnvoll den Bedarf über ein Supplement zu decken. Fisch wäre zwar eine Quelle an EPA und DHA, jedoch sollte man auch hier bedenken, dass dies nur der Fall ist, da die Fische die entsprechenden Algen essen. Zudem sind Omega Fettsäuren sehr hitzeempfindlich und würden somit das Erhitzen des Fisches nur in geringem Maße überstehen.

Generell wäre es ideal, die Verteilung zwischen Omega-6 zu Omega-3 Fettsäuren bei 5:1 zu halten. Bei einer veganen Ernährung liegt sie oftmals leider bei 20:1. Daher ist es auch, unabhängig von einer Supplementierung mit Mikroalgenöl, sinnvoll auf eine Omega-3 reiche Ernährung zu achten. Sinnvolle Omega-3 Quellen sind beispielsweise Leinöl, Chiasamen, Weizenkeimöl und Leinsamen. Sonnenblumenöl hat dahingegen einen sehr hohen Anteil an Omega-6 Fettsäuren. Das Verhältnis von Omega 6:3 liegt hier vbei bei 126:1.

DGE Zufuhrempfehlung:

- 0-2 Jahre: 10-12 mg/kg Gewicht (davon mindestens 7 mg/kg DHA)
- 4-6 Jahre: 150-200 mg
- Erwachsene: 200 -250 mg

Calcium

Calcium kommt zum Beispiel in angereicherten Pflanzendrinks oder calciumreichen Mineralwassern vor (diese gelten ab über 500 mg/l als calciumreich). Bei Mineralwasser sollte bei kleinen Kindern und Babys jedoch darauf geachtet werden, dass der Nitratgehalt niedrig ist. Ohne angereicherte Pflanzendrinks und Mineralwasser ist es kaum möglich, den sehr hohen Bedarf ohne ein Supplement zu decken. Aber auch dunkles Blattgemüse, Nüsse, Samen, Pseudogetreide oder Tockenfrüchte können hier Abhilfe verschaffen.. Da es keinen genauen Parameter im Blut gibt, um den Versorgungsstatus mit Calcium zu testen, ist es sinnvoll sich an der Aufnahme zu orientieren. Bei einem Calciummangel würde nämlich das Calcium aus den Knochen freigesetzt werden und somit im Blut wieder vorhanden sein. Aussagekräftig wäre also eine Knochendichtemessung. In der Regel reicht es jedoch aus zu berechnen, wie viel über den Tag aufgenommen wird. Als Supplement könnte die Sango Koralle verwendet werden.

DGE Zufuhrempfehlung:

- 4-12 Monate: 330 mg/d
- 1-4 Jahre: 600 mg/d
- Erwachsene: 1000 mg/d

Proteine bzw. Aminosäuren

Es stimmt NICHT, dass in einer pflanzlichen Ernährung nicht alle essenziellen Aminosäuren aufgenommen werden können. Was jedoch stimmt, ist, dass es eine geschickte Kombinierung verschiedener Proteinquellen bedarf, um ein ausgewogenes Aminosäurenprofil abzudecken. Beispielsweise ist eine Kombination aus Vollkorn und Hülsenfrüchten sehr gut, da sie sich gegenseitig in ihren limitierenden Aminosäuren ergänzen. Also wäre ein Vollkornbrot mit Hummus oder eine Linsensuppe mit Vollkornstangen zum Dippen prima. Eine hervorragende Proteinquelle ist Soja und alles, was daraus hergestellt ist (z. B. Tofu), wobei Tempeh hinsichtlich der Bioverfügbarkeit nachhaltiger ist als Tofu. Soja entspricht in der Wertigkeit fast dem Hühnerei, das zur Bewertung von Proteinquellen festgelegt wurde. Im ersten Lebensjahr ist die Muttermilch/Pre in aller Regel die Hauptquelle an Protein. Solltet ihr euch später jedoch als Unterstützung für ein Proteinpulver entscheiden, ist es sinnvoll ein pflanzliches Proteinpulver ohne Süßungsmittel und aus verschiedenen Quellen zu verwenden. Mehrere Quellen zeigen, dass ein ausgewogenes Aminosäurenprofil gegeben ist.

DGE Zufuhrempfehlung:

- 4-12 Monate: 1,3 g/kg/d
- 1-4 Jahre: 1 g/kg/d
- Erwachsene: 0,8-1 g/kg/d
- Stillende/Schwangere: 1,2 g/kg/d

Selen

Selen wird Weidetieren in Deutschland supplementiert, weswegen tierische Produkte oftmals Selenquellen sind. Eine pflanzliche Quelle wäre die Paranuss von der ich allerdings, insbesondere bei Babys und Kleinkindern, dringend abrate, weil der Selengehalt ums 1.000-fache schwanken kann. Ein Supplement mit klarer Dosierung wäre ratsamer. In meinen Beratungen habe ich jedoch häufig erlebt, dass vegane Familien auch ohne eine Supplementierung gute Selenwerte haben. Dies kann beispielsweise daran liegen, dass importierte Lebensmittel konsumiert werden und der Selengehalt in den Böden anderer Länder höher ist.

DGE Zufuhrempfehlung:

- 4-12 Monate: 15 µg/d
- 1-4 Jahre: 15 µg/d
- Erwachsene: 60 - 70/d
- Stillende/Schwangere: 75 µg/d

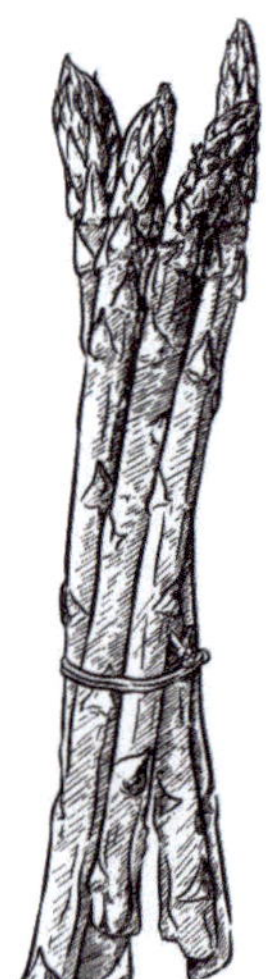

Fazit potenziell kritische Nährstoffe

Es ist wichtig, sich der Nährstoffe bewusst zu sein und die Ernährung dementsprechend zu planen. Dennoch solltet ihr euch bewusst sein, dass ihr zwar die Lebensmittel anbietet, euer Kind jedoch entscheidet was und wie viel es isst.

Blutbild

Jeder Körper nimmt Nährstoffe unterschiedlich auf. Daher kann es langfristig sinnvoll sein, ein Blutbild anfertigen zu lassen, um zu schauen, ob die Zufuhrempfehlungen für euch oder euer Kind passend sind.

Solltet ihr euch für ein Blutbild entscheiden, könnt ihr euch in der Apotheke ein EMLA Pflaster besorgen, welches die Stelle leicht betäubt und den Einstich weniger schmerzhaft macht.

Bei einem Blutbild ist es ratsam, die Werte, so wie ihr sie in der Tabelle seht, anzufordern. Für verschiedene Nährstoffe gibt es auch andere Werte, die Ärztinnen oder Ärzte zwar teilweise bestimmen, jedoch keine/kaum Aussagekraft haben.

Wichtige Blutwerte

Parameter	Bezeichnung des Blutwerts	Kurzbeschreibung zum Blutwert
Eisen	Ferritin; Hämoglobin-Wert (HB)	Ferritin ist als Eisenspeicher ein aussagekräftiger Langzeitparameter. Jedoch nur, wenn man zum Zeitpunkt der Blutabnahme gesund ist.
Vitamin B12	Holo-Transcobalamin	Aussagekräftiger Langzeitparameter (andere Werte sind nicht aussagekräftig und „schlagen" erst an, wenn potenzielle irreversible Schäden eintreten).
Vitamin D	25-OH-D	Wird in der Regel von Ärztinnen oder Ärzten richtig bestimmt.
Omega-3	Omega-3-Fettsäuren-Index	Der Omega-3-Fettsäuren-Index sollte zudem das Verhältnis von EPA und DHA mit angeben.

Parameter	Bezeichnung des Blutwerts	Kurzbeschreibung zum Blutwert
Jod	Jod	Der Jodwert im Blut ist nicht aussagekräftig. Dieser sollte über eine Urinprobe in Spontanurin oder in 24 h Sammelurin bestimmt werden.
Zink	Zink	Dieser Parameter sollte nicht im Blutserum bestimmt werden, sondern nur im Vollblut.
Vitamin B2	Riboflavin	Dieser Parameter sollte nicht im Blutserum bestimmt werden, sondern nur im Vollblut.
Selen	Selen	Dieser Parameter sollte nicht im Blutserum bestimmt werden, sondern nur im Vollblut.

4

AUSSTATTUNG

& Fazit

Was braucht ihr für den BLW-Start?

Ihr braucht garnicht viel, sondern solltet lediglich Freude daran haben, euer Baby in dieser neuen Lebensphase zu begleiten.

Ein Hochstuhl oder der Schoß einer Bezugsperson sind für eine sichere Esssituation notwendig. Wohingegen ihr die Babyschale für den Hochstuhl jetzt abbauen könnt. Ein kleines Schnapsglas oder ein kleiner offener Becher (beispielsweise aus Silikon) sind ideal, um Wasser zu den Mahlzeiten zu reichen. Ihr könnt euch entscheiden, ob ihr einen Teller für die Lebensmittel anbietet (auf die Gefahr hin, dass dieser euch, trotz Saugnapf, einige Male um die Ohren fliegen wird) oder, ob ihr eine Matte für den Tisch verwenden wollt. Unter dem Essbereich eures Babys kann es sinnvoll sein, eine Schreibtischmatte hinzulegen, damit ihr nicht den ganzen Boden reinigen müsst, sondern diese einfach abbrausen könnt. Kurze Kinderlöffel oder Kindergabeln, sowie Lebensmittelpiekser können sinnvoll sein, bis euer Kind sicher mit Besteck umgehen kann. Statt kurzen Lätzchen haben sich oftmals langärmlige Lätzchen ausgezahlt, da Babys in der Regel nicht nur auf den Oberkörper tropfen, sondern die Nahrung auch gerne über den ganzen Körper verteilen.

Was braucht ihr eher nicht?

Verschiedene Saugnapfteller und Silikonmatten sind für die ersten Monate meistens überflüssig, da sie die Aufmerksamkeit von der Mahlzeit weglenken und die Zeit eher genutzt wird, um den Teller vom Tisch zu werfen. Trinkflaschen, Strohhalme und weitere geschlossene Trinkgefäße sind auch nicht unbedingt empfehlenswert. Insbesondere falls ihr stillt, könnten sie eine Saugverwirrung begünstigen. Das Kind soll zu Beginn auch nicht seine Hauptflüssigkeit durch Wasser zu sich nehmen, sondern Wasser ergänzend zu den Mahlzeiten kennenlernen.

Fazit

Jetzt seid ihr mit den wichtigsten Infos versorgt und gut auf eure Beikostreise vorbereitet. Mit das Wichtigste ist jedoch: „Bleibt entspannt!". Es geht nicht darum, möglichst schnell Milchmahlzeiten zu ersetzen, sondern Spaß und Freude an gesunder Ernährung zu vermitteln.

Wie ihr am besten startet

Ideal für den Anfang sind weiche Lebensmittel, die in Fingerdicke und Länge geschnitten werden können. Als Rohkost eignet sich unter anderem Avocado oder Banane wunderbar (glitschige Lebensmittel lassen sich auch gut in gemahlenen Nüssen oder Kokosraspeln wälzen, damit sie besser greifbar sind). Zubereitet eigenen sich viele Gemüsesorten, zum Beispiel Karotte, Kürbis, Süßkartoffel, Pastinake und Kartoffel. Beachtet bei der Zubereitung den potenziellen Nährstoffverlust. Viele Vitamine sind hitzeempfindlich und gehen bei zu hohen Temperaturen kaputt. Bei gekochten Lebensmitteln gehen zudem auch Nährstoffe ins Kochwasser über. Vitamin C ist beispielsweise sehr hitzeempfindlich. B-Vitamine, die viel in Hefeflocken oder Vollkornprodukten vorkommen, sind sogar lichtempfindlich (da ist es dann sinnvoll, diese in einem Schrank und nicht offen zu lagern). Wohingegen Calcium und Eisen wiederum sehr hitzestabil sind.

Aber auch mit Kochen und Backen könnt ihr schon loslegen. Bratlinge, Pancakes, Waffeln, Muffins, Brot und Ähnliches lassen sich auch ideal in diese Form bringen. Prinzipiell könnt ihr aber einfach ausprobieren, was euch und eurem Kind Freude bringt.

Bedenkt, dass sich die Mundmotorik und die Grobmotorik ähnlich entwickeln. So funktionierte bei uns beispielsweise Paprika mit Schale sehr gut, als unser Sohn anfing stabil zu krabbeln und sich hinzusetzen. Rosinen und ähnlich Kleines, was mit dem Pinzettengriff gegriffen werden kann, soll daher erst angeboten werden, wenn eben dieser Pinzettengriff beherrscht wird.

Achtet insbesondere auf eine eisenreiche Beikost mit Blick auf hemmende und fördernde Faktoren.

Im ersten Lebensjahr sollte nur zu den Mahlzeiten ein Schnapsglas mit Wasser angeboten werden und sonst weiterhin Muttermilch/Pre nach Bedarf, um eine Wasservergiftung zu vermeiden. Auch Pflanzendrinks oder Kuhmilch sind nicht als Getränke geeignet.

5

REZEPTE

10 Kekse | 10-15 min. backen | Reich an: Calcium, Omega-3 (ALA), Beta-Carotin

Pizza-Kekse

Zutaten

100 g Dinkelmehl
50 g veganer Reibekäse
30 g Tomatenmark
10 g Rapsöl
50 g veganer Joghurt
80 g passierte Tomaten
Gewürze nach Bedarf

Zubereitung

Das Mehl, das Tomatenmark, das Rapsöl, den Joghurt und die passierten Tomaten zu einem Teig vermischen. Anschließend den Reibekäse unterheben und alles miteinander verrühren. Mit einem Löffel den Teig, in Keksform, auf ein Backblech klecksen und bei **175 °C Umluft für 10-15 Minuten** backen.

Salzgehalt durch die fertigen Produkte im Blick behalten. Schmecken am besten lauwarm.

8 Kekse | 10-15 min. backen | Reich an Zink, Ballaststoffen, Eisen, gesunden Fetten, Protein

3-Zutaten-Haferkekse

Zutaten

70 g Obstmark

25 g Nussmus

60 g zarte Haferflocken

Zubereitung

Alle Zutaten zu einer homogenen Masse verarbeiten, diese 5 Minuten stehen lassen und anschließend zu Keksen formen und auf einem Backblech **bei 175 °C Umluft für 10-15 Minuten** backen.

8 Muffins | 30 min. backen | Reich an Beta-Carotin, Zink, Eisen, Calcium, Ballaststoffen und gesunden Fetten

Süßkartoffel-Muffins

Zutaten

175 g geschälte Süßkartoffel
175 g Weizenvollkornmehl
150 g Pflanzendrink
50 g Mandelmus
7 g Backpulver

Zubereitung

Die Süßkartoffel klein schneiden und weichkochen. Diese anschließend abgießen und auskühlen lassen. Sobald sie abgekühlt ist, fein pürieren. Danach alle Zutaten zu einem Teig verarbeiten, diese in die Muffinförmchen geben und bei **175 °C Umluft für ca. 30 Minuten** backen. Vor dem Entnehmen eine Stäbchenprobe machen.

Besser nicht einfrieren, da das bei Kartoffelprodukten die Konsistenz verändern kann.

12 Riegel | 10-15 min. backen | Reich an Eisen, Zink, Calcium, gesunden Fetten, Ballaststoffen, Antioxidantien

Rote Beete Riegel

Zutaten

250 g vorgekochte rote Beete
45 g Chiasamen
50 g Haferflocken
45 g Nussmus
50 g Weizenvollkornmehl
30 g Dattelsirup

Zubereitung

Die rote Beete pürieren. Anschließend alle Zutaten gut verkneten, bis eine homogene Masse entsteht. Diese dann in die Müsliriegelformen geben und bei **175°C Umluft für 10-15 Minuten** backen. Falls ihr eine Silikonform verwendet, sollte diese auf jeden Fall vor dem Entnehmen abkühlen lassen.

Nicht zum Einfrieren geeignet.
Enthalten Süßungsmittel in Form von Dattelsirup.

10 Bratlinge | Reich an Zink, Eisen, Calcium, Ballaststoffen

Linsen-Bratlinge

Zutaten

275 g gekochte braune Linsen (aus dem Glas oder der Dose)
70 g Haferflocken
45 g Nussmus
Spritzer Zitronensaft
30 g Weizenvollkornmehl
Gewürze nach Bedarf

Zubereitung

Die braunen Linsen abgießen und unter fließendem Wasser auswaschen, bis das abfließende Wasser klar ist. Anschließend die Linsen mit dem Nussmus, den Haferflocken und der Zitrone pürieren. In die Masse das Mehl einkneten, mit feuchten Händen zu Bratlingen formen und in der Pfanne ausbraten.

6 Muffins | 35 min. backen | Reich an Magnesium, Zink, Eisen, Antioxidantien, Omega-3 Fettsäure ALA

Birnen-Chia-Muffins

Zutaten

75 g Vollkornmehl
75 g helles Mehl
7 g Backpulver
25 g Chiasamen
20 g Rapsöl
80 g Birne
25 g Apfelmark
160 g Pflanzendrink

Zubereitung

Die trockenen Zutaten miteinander verrühren. Anschließend das Obstmark, den Pflanzendrink und das Rapsöl hineingeben und alles gut miteinander zu einer homogenen Masse verarbeiten. Die Birne waschen, entkernen, klein schneiden und unterheben. Den Teig in die Muffinförmchen füllen und bei **175 °C Ober-/Unterhitze für ca. 35 Minuten** im Ofen backen.

Ergibt 14 Stangen | 10-15 min. backen | Reich an Eisen, Zink, Beta-Carotin, Ballaststoffen

Tomaten-Stangen

Zutaten

100 g Haferflocken
100 g Vollkornmehl
100 g Tomatenpassata
70 g Sojajoghurt
1 Schuss Zitronensaft
50 g veganer Käse
15 g Olivenöl

Zubereitung

Alle Zutaten gemeinsam in eine Schüssel geben und gut durchkneten, bis ein Teig entsteht. Anschließend mit angefeuchteten Händen Stangen formen, diese auf ein Backblech geben und bei **175 °C Ober-/ Unterhitze für 10-15 Minuten** backen, abhängig von der Dicke der Stangen.

Enthält durch den veganen Käse Salz, also die Tageshöchstmenge im Blick behalten.

8 Muffins | 30 min. backen | Reich an: gesunde Fette, Kalium, Magnesium, Zink, Eisen, Ballaststoffe

Bananen-Muffins

Zutaten

150 g sehr reife Banane
80 g Vollkornmehl
80 g helles Mehl
25 g Cashewmus
7 g Backpulver
15 g Rapsöl
170 g Pflanzendrink

Zubereitung

Die Banane mit einer Gabel zermanschen oder pürieren. Anschließend gemeinsam mit dem Mehl, Cashewmus, Rapsöl und Pflanzendrink in eine Schüssel geben und alles gut miteinander verrühren. Im letzten Schritt das Backpulver mit einrühren und den Teig auf die Förmchen verteilen. Bei **175 °C Ober-/Unterhitze für ca. 30 Minuten** backen.

12 kleine Pancakes | Reich an Zink, Eisen, gesunde Fette, sekundäre Pflanzenstoffe

Schoko-Pancakes

Zutaten

150 g Vollkornmehl
5 g Backpulver
50 g Erdnussmus
15 g Kakao
50 g Obstmark
180 g Pflanzendrink
1 Schuss Mineralwasser (sprudel)

Zubereitung

Alle Zutaten bis auf das Mineralwasser und das Backpulver in eine Schüssel geben und gut zu einem Teig verrühren. Im nächsten Schritt das Sprudelwasser und das Backpulver unterrühren. Den Teig anschließend in einer Pfanne zu Pancakes ausbraten.

Enthalten keine Süßung, also für ältere Süßzähne noch etwas Dattelzucker oder Ähnliches dazu geben oder sie im fertigen Zustand bestreichen.

Ein Glas Aufstrich | Reich an Protein, Eisen, Magnesium, Calcium, Zink, Ballaststoffen

Rote-Linsen-Aufstrich

Zutaten

120 g rote Linsen
15 g vegane Butter
50 g Tomatenmark
30 g Cashewmus
10 g Zitronensaft
Gewürze nach Bedarf

Zubereitung

Die roten Linsen so lange abwaschen, bis das abfließende Wasser klar ist. Diese anschließend weichkochen, abgießen und abkühlen lassen. Sobald die Linsen abgekühlt sind, alle Zutaten miteinander pürieren.

Konsistenzverlust beim Einfrieren.

3 große Waffeln | Reich an Calcium, Eisen, Zink, Ballaststoffen

Brokkoli-Vrischkäse-Waffeln

Zutaten

130 g Brokkoli

50 g Vrischkäse

85 g Vollkornmehl

90 g helles Mehl

7 g Backpulver

30 ml Mineralwasser (sprudel)

25 g Rapsöl

135 g Pflanzendrink

5 g Backpulver

Der Vrischkäse (veganer Frischkäse) enthält oftmals Salz, es muss also auf die Tageshöchstmenge geachtet werden.

Zubereitung

Den Brokkoli schneiden und waschen. Diesen im Anschluss kochen oder dünsten (geringerer Nährstoffverlust) bis er weich ist. Sobald der Brokkoli abgekühlt ist, gemeinsam mit dem Vrischkäse pürieren. Danach alle Zutaten bis auf das Sprudelwasser und das Backpulver in eine Schüssel geben und verrühren. Im letzten Schritt das Backpulver und das Mineralwasser dazu geben und alles weiter zu einer homogenen Masse verrühren. Letztlich den Teig in die Waffelformen geben und bei **175 °C Umluft für ca. 10-20 Minuten** backen (abhängig von der Dicke der Waffeln).

Können im Toaster aufgetaut werden.

Für 3 Portionen | Reich an Eisen, Zink, Calcium, gesunden Fetten, Beta-Carotin, B-Vitaminen, Ballaststoffen

Rübli-Porridge

Zutaten

40 g Karotte
70 g feine Haferflocken
15 g Nussmus
260 g Pflanzendrink
1 Spritzer frischen Zitronensaft

Zubereitung

Die Karotte klein raspeln und gemeinsam mit Haferflocken, Nussmus und Pflanzendrink in einen Topf geben. Auf dem Herd, unter ständigem Rühren, so lange köcheln lassen, bis die gewünschte Konsistenz erreicht ist. Vor dem Essen noch frischen Zitronensaft hineingeben. Somit wird die Nährstoffaufnahme durch das Vitamin C und die organische Säure verbessert.

Kann prinzipiell eingefroren werden.

8 Stangen | 10-20 min. backen | Reich an Ballaststoffen, Eisen, Zink, Beta-Carotin, B-Vitaminen, Magnesium, gesunden Fette

Rübli-Stangen

Zutaten

110 g Karotte
75 g feine Haferflocken
90 g Banane
20 g Nussmus
90 g Obstmark
50 g Vollkornmehl

Zubereitung

Die Karotte in eine Schüssel raspeln, die Banane zerdrücken oder pürieren und dazu geben. Anschließend alle weiteren Zutaten mit in die Schüssel geben und gut zu einer Masse verkneten. Danach, mit feuchten Händen, Stangen formen und diese auf ein mit Backpapier ausgelegtes Backblech geben. Die Stangen bei **175 °C Ober-/Unterhitze für ca. 10-20 Minuten** (je nach Dicke der Stangen und wie weich oder hart ihr sie wollt) backen.

8 kleine Brötchen | 25 min. backen | Reich an Eisen, Zink, Ballaststoffen, Calcium

Brötchen ohne Hefe

Zutaten

200 g Vollkornmehl
200 g helles Mehl
50 g Olivenöl
10 g Backpulver
130 g Joghurt
65 g Pflanzendrink
Gewürze nach Bedarf

Zubereitung

Die zwei Mehlsorten mit dem Backpulver mischen und in eine Schüssel geben. Anschließend die restlichen Zutaten dazu geben und alles gut zu einer homogenen Masse verkneten. Diese dann mit feuchten Händen zu Brötchen formen und bei **175 °C Umluft für ca. 25 Minuten** backen (je nach Größe der Brötchen).

Ein kleines Brot | 30 min. backen | Reich an gesunden Fetten, Ballaststoffen, Eisen, Zink, Calcium

Süßes Bananen-Joghurt-Brot

Zutaten

175 g Bananen
210 g Vollkornmehl
35 g Nussmus
80 g Sojaghurt
30 g Rapsöl

Zubereitung

Die Banane mit einer Gabel zerdrücken oder pürieren. Anschließend den Nussmus, das Rapsöl und den Sojaghurt dazu geben und miteinander verrühren. Daraufhin alles gut miteinander verkneten und mit feuchten Händen zu einem Laib formen. Den Laib auf ein Blech geben und im vorgeheizten Ofen bei **175 °C Ober-/Unterhitze für 30 Minuten** backen.

Konsistenzverlust beim Einfrieren.

3 große Waffeln | 20 min. backen | Reich an Ballaststoffen, Eisen, Zink, Calcium, Protein

Rote-Linsen-Waffeln

Zutaten

100 g rote Linsen
205 g helles Weizenmehl
ein Schuss Zitronensaft
25 g Olivenöl
115 g Tomatenpassata
100 g Pflanzendrink

Zubereitung

Die roten Linsen gründlich abwaschen, bis das abfließende Wasser klar ist. Diese danach in einem Topf köcheln lassen, bis sie ganz weich sind. Daraufhin die Linsen abgießen und in eine Schüssel geben. Alle anderen Zutaten hinzugeben und so lange gut verrühren, bis ein homogener Teig entsteht.

Den Teig in die Silikonwaffelformen geben und bei **175 °C Ober-/Unterhitze für ca. 20 Minuten** backen.

Mit Silikonwaffelform für den Ofen

Reich an Vitaminen, Eisen, Calcium, Protein, Zink, sekundären Pflanzenstoffen

Spinatsoße

Zutaten

300 g Tiefkühlspinat
100 g gekochte Kichererbsen
½ Zwiebel
40 ml Sojasahne
1 Schuss Zitronensaft
Gewürze

Zubereitung

Den Spinat auftauen, währenddessen die Zwiebel klein schneiden und beides zusammen mit den Kichererbsen pürieren. Anschließend alles in einen Topf geben, die Sojasahne hinzufügen, unterrühren und vor sich hin köcheln lassen. Vor dem Servieren noch einen Spritzer Zitronensaft dazu geben und je nach Geschmack würzen.

Marmorkuchen für den ersten Geburtstag

Zutaten

400 g Mehl
7 g Backpulver
50 g Rapsöl
80 g Banane
160 g Dattelsirup
375 ml Pflanzendrink
20 g Kakao

Enthält Süße.

Zubereitung

Die Banane mit einer Gabel zerdrücken und in eine Schüssel geben. Anschließend das Mehl, das Backpulver, das Öl, den Dattelsirup und 300 g Pflanzendrink dazu geben und alles miteinander zu einem Teig verrühren. Die Hälfte dieses Teiges in die gefettete Backform geben. Den Rest des Teiges mit dem Kakao und den restlichen 75 ml Pflanzendrink gut verrühren. Den braunen Teig auf den restlichen Teig geben und mit einer Gabel das Marmormuster ziehen. Den Kuchen bei **175 °C Ober-/Unterhitze für ca. 45 Minuten** backen. Vor dem Entnehmen eine Stäbchenprobe machen.

8 Balls | Reich an Eisen, Zink, B-Vitaminen, Ballaststoffen, Kalium, Calcium, gesunden Fetten

Energy Balls

Zutaten

65 g Medjool Datteln

50 g Nussmus

10 g Chiasamen

130 g Haferflocken

Zubereitung

Je nach Leistung des Mixers, kann es sinnvoll sein, die entkernten Datteln zuerst über Nacht in Wasser einzulegen. Anschließend die Datteln mit den Chiasamen, das Nussmus und 50 g der Haferflocken gemeinsam vermixen. Danach die restlichen Haferflocken hinzugeben und alles verkneten. Die Masse zum Schluss mit feuchten Händen zu Bällchen formen. Wenn sie daraufhin in den Kühlschrank gestellt werden, werden die Balls etwas fester.

8 Riegel | 15 min. backen | Reich an Zink, Eisen, Ballaststoffen, Kalium, Magnesium, Antioxidantien

Himbeer-Haferriegel

Zutaten

50 g Banane
100 g Haferflocken
50 g Obstmark
10 g Rapsöl
100 g Himbeeren

Zubereitung

Alle Zutaten miteinander in eine Schüssel geben und mit den Händen zu einem homogenen Teig verkneten. Diesen dann auf die Riegelformen aufteilen und bei **175 °C Ober-/Unterhitze für ca. 15 Minuten** backen.

Reich an Protein, Calcium, Magnesium

Erbsen-Soße

Zutaten

220 g Erbsen
130 ml Pflanzendrink
Gewürze nach Bedarf

Zubereitung

Die Erbsen und den Pflanzendrink gemeinsam pürieren. Die Soße dann langsam erhitzen und nach Geschmack würzen.

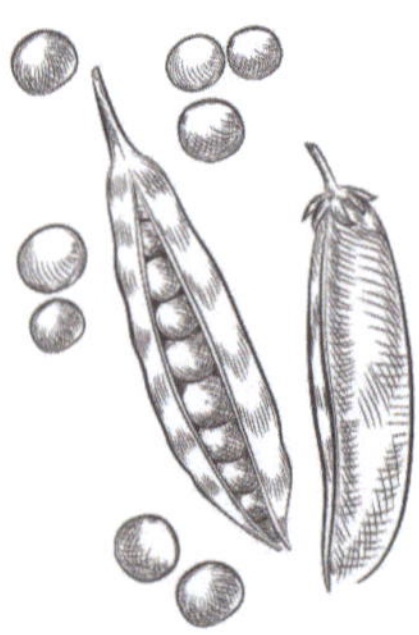

Reich an Antioxidantien, Calcium, Magnesium, sekundäre Pflanzenstoffe, gesunden Fetten

Erbsen-Pesto

Zutaten

130 g Erbsen
30 g Zwiebel
35 g Olivenöl
Gewürze nach Bedarf

Zubereitung

Alle Zutaten miteinander pürieren. Je nach Stärke eures Mixers könnt ihr auch noch Cashews hinzugeben oder für die Erwachsenen etwas veganen Parmesan.

Ergibt ein Glas | Reich an: Eisen, Zink, Protein, gesunden Fetten, Calcium

Avocado-Hummus

Zutaten

275 g Kichererbsen (eingeweicht / aus dem Glas oder der Dose)
60 g Tahin
50 g Avocado
10 ml Zitronensaft

Zubereitung

Alle Zutaten miteinander pürieren und in ein sauberes, verschließbares Gefäß geben.

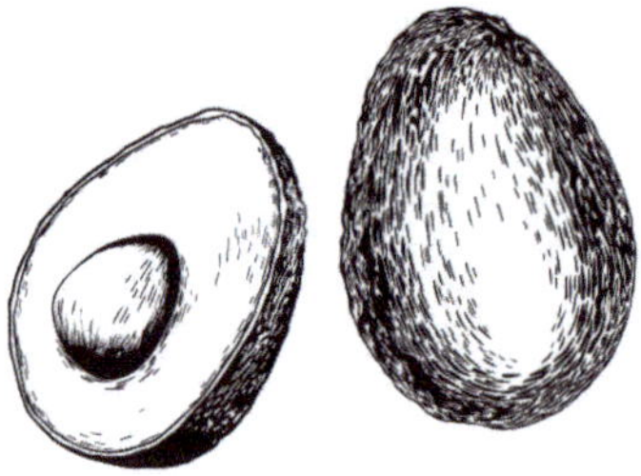

Reich an: gesunden Fetten, Eisen, Zink, Ballaststoffen, Magnesium, Kalium

Pfannen-Bananen-Granola

Zutaten

115 g Bananen
115 g Haferflocken
50 g Cashewmus
20 g Chiasamen
etwas Kokosöl für die Pfanne

Zubereitung

Die Banane mit einer Gabel zerdrücken, die anderen Zutaten hinzugeben und alles gut miteinander verkneten. Anschließend etwas Kokosöl in der Pfanne erhitzen und das Granola hineinstückeln und schön goldbraun anbraten.

Durch die Banane deutlich weicher als herkömmliches Granola und dadurch auch für Babys geeignet.

Es kann mit Süße in Form von Dattelsirup oder Ähnlichem für ältere Essende ergänzt werden, auch Kakao kann hinzugefügt werden.

2 Pizzen | Reich an Ballaststoffen, Eisen, Zink

Vollkorn-Pizzateig

Zutaten

420 g Weizenvollkornmehl
300 ml lauwarmes Wasser
1 Päckchen Trockenhefe
3 EL Olivenöl
(optional eine Prise Salz)

Zubereitung

Das Mehl in eine Schüssel geben. Die Hefe in lauwarmem Wasser auflösen und zum Mehl dazu geben, ebenso wie das Olivenöl. Den Teig anschließend für mindestens 5 Minuten gut verkneten. Daraufhin für mindestens eine Stunde gehen lassen. Idealerweise vor dem Verarbeiten erneut kneten und eine weitere Stunde gehen lassen. Nach Wunsch belegen und backen.

Reich an Kalium, Vitaminen, gesunden Fetten, Magnesium, Ballaststoffen

Mango-Nicecream

Zutaten

290 g Banane

110 g Mango

25 g Mandelmus

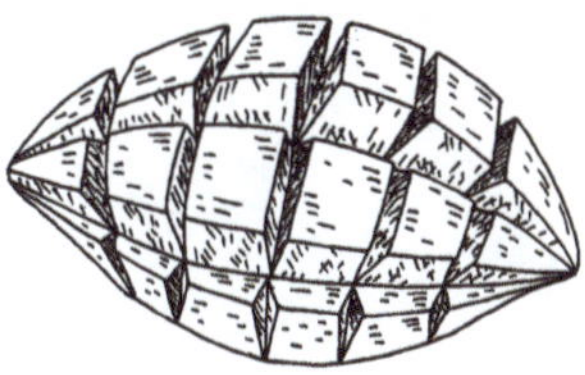

Zubereitung

Die Banane in Stücke schneiden und über Nacht ins Gefrierfach legen. Anschließend die Banane zusammen mit der geschnittenen und geschälten Mango und dem Nussmus in den Hochleistungsmixer geben. Bei weniger starken Geräten kann es sinnvoll sein, die Banane etwas antauen zu lassen.

Reich an Kalium, Magnesium, gesunden Fetten, Antioxidantien, Ballaststoffen

Schoko-„Pudding"

Zutaten

115 g reife Banane

115 g reife Avocado

15 g Backkakao

Zubereitung

Alle Zutaten miteinander zu einer homogenen Masse pürieren.

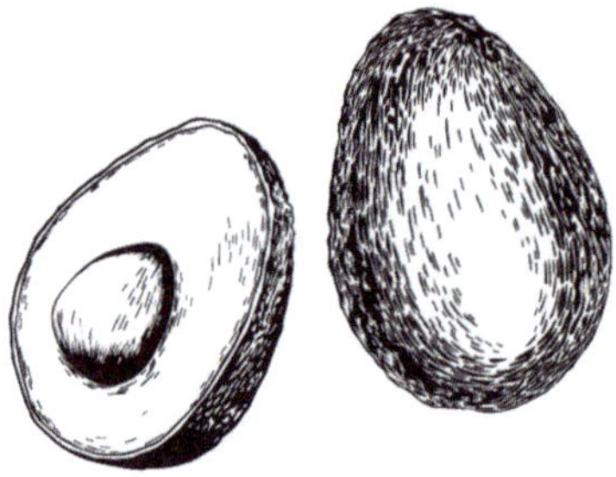

5 kleine Eis | Reich an Eisen, Zink, Kalium, Magnesium, Ballaststoffen, Proteinbedarf

Müsli-Eis

Zutaten

100 g Bananen
95 g Haferflocken
20 g Nussmus
10 g Chiasamen
100 g Obstmark

Zubereitung

Alle Zutaten in eine Schüssel geben und zu einer homogenen Masse pürieren. Diese auf die Eisförmchen aufteilen und für mindestens 4 Stunden in den Gefrierschrank legen und einfrieren lassen.

4 Scheibchen | 15 min. backen | Reich an Beta-Carotin

Süßkartoffel-Pizza

Zutaten

90 g Süßkartoffel
35 g Tomatenmark
oder passierte Tomaten
35 g veganer Streukäse

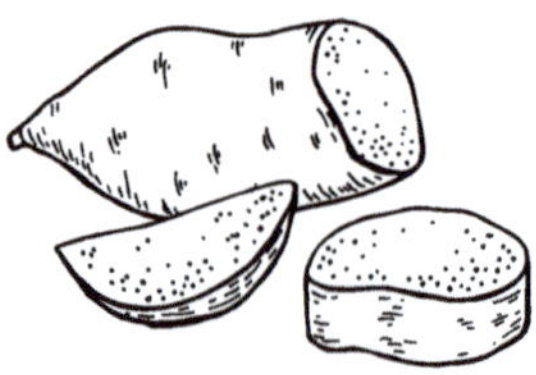

Zubereitung

Die Süßkartoffel schälen und in 4 Scheiben schneiden. Diese Scheiben mit dem Tomatenmark bestreichen und den veganen Streukäse darauf geben. Das Ganze bei **175 °C für ca. 15 Minuten bei Umluft** backen, danach abkühlen lassen und servieren.

45 min. backen | Reich an Kalium und gesunden Fetten

Kokos-Bananenbrot

Zutaten

160 g Banane
390 ml Kokosmilch (aus der Dose)
290 g helles Mehl
7 g Backpulver
25 g Kokosöl

Zubereitung

Die Banane mit einer Gabel zerdrücken. Anschließend alle Zutaten gemeinsam in eine Schüssel geben und gut zu einer homogenen Masse verrühren. In einer Kuchenform bei **175 °C Umluft für ca. 45 Minuten** backen. Vor dem Entnehmen eine Stäbchenprobe machen.

25 min. backen | Reich an Beta-Carotin, Ballaststoffen, Eisen, Zink

Kürbisbrötchen

Zutaten

300 g Hokkaido Kürbis
70 g vegane Butter
300 g Vollkornmehl
100 g helles Mehl
1 Päckchen Trockenhefe

Zubereitung

Den Kürbis entweder kochen oder dünsten, bis dieser ganz weich ist. Anschließend den noch warmen Kürbis pürieren und das lauwarme Püree, die vegane Butter, die zwei Mehlsorten und das Päckchen Trockenhefe in eine Schüssel geben. Alles zusammen sehr gut miteinander verkneten (für mindestens 5 Minuten). Den Teig daraufhin für mindestens eine Stunde gehen lassen. Danach für weitere 5 Minuten kneten, noch einmal für mindestens 20 Minuten gehen lassen und abschließend mit feuchten Händen zu Brötchen formen. Je nach Größe der geformten Brötchen bei **175 °C Umluft für ca. 25 Minuten** backen lassen.

Reich an Kalium, Magnesium, Vitamin C

Mango-Sticky-Rice

Zutaten

50 g Milchreis oder Risottoreis
85 g Kokosmilch aus der Dose
100 ml Pflanzendrink
50 g Banane
1 Mango zum Verzieren

Zubereitung

Den Reis so lange unter fließendem Wasser waschen, bis das abfließende Wasser klar ist. Anschließend den Reis in der Mischung aus Kokosmilch und Pflanzendrink köcheln lassen. Die Banane mit einer Gabel zu Brei verarbeiten und in den Reisbrei einrühren. So lange köcheln lassen, bis der Reis weich ist. Zum Schluss die Mango in Streifen schneiden und auf den Milchreis legen.

Reich an Protein, Beta-Carotin, Eisen, Zink, Magnesium

Rote Linsen Bolognese

Zutaten

100 g rote Linsen
1 große Karotte
1 kleine Zwiebel
1 Schuss Balsamico-Essig
500 g Tomatenpulpe
15 g Hefeflocken
(oder veganen Parmesan)
30 g Tomatenmark
Öl für die Pfanne
Gewürze nach Bedarf

Zubereitung

Die roten Linsen so lange unter fließendem Wasser waschen, bis das abfließende Wasser ganz klar ist. Anschließend die Linsen in ausreichend Flüssigkeit köcheln lassen, bis sie weich, aber noch bissfest sind. Während die Linsen köcheln, die Karotte und Zwiebel klein schneiden und anbraten. Anschließend mit einem Schluck Essig ablöschen und die Tomatenpulpe dazu gießen. Die Soße danach köcheln lassen und das Tomatenmark und die Gewürze hinzugeben. Im letzten Schritt die Linsen und Hefeflocken in die Soße geben.

2 große Gläser| Reich an: Vitamin C, Antioxidantien, Calcium, Zink, Magnesium, Kalium, Ballaststoffen

Shake

Zutaten

90 g Banane

10 g Hanfsamen

95 g reife, weiche Mango

10 g Tahin

250 ml Pflanzendrink

Diesen würde ich erst anbieten, wenn es auf den ersten Geburtstag zu geht. Die Inhalte sind zwar alle gesund und wunderbar verträglich, jedoch nehmen Kinder Getrunkenes oftmals in größeren Mengen zu sich, als sie es in fester Form tun würden.

Zubereitung

Alle Zutaten gemeinsam fein mixen.

Reich an Beta-Carotin, Eisen, Zink, Protein, Magnesium

Süßkartoffel-Kichererbsen-Kokos-Suppe

Zutaten

430 g Süßkartoffel
250 g weiche Kichererbsen (aus dem Glas oder der Dose)
380 g Kokosmilch (kein Kokosdrink)
240 ml Wasser (mit salzfreier Gemüsebrühe)
Gewürze und Hefeflocken nach Bedarf

Zubereitung

Die Süßkartoffel waschen, schälen und schneiden. Diese anschließend in einem Topf kochen, bis sie schön weich ist. Die Süßkartoffel daraufhin abgießen und mit den ebenfalls abgegossenen Kichererbsen und der Kokosmilch pürieren. Die salzfreie Gemüsebrühe im Wasser auflösen und hinzugeben. Alles verrühren, bis wieder eine homogene Suppe besteht. Die Gewürze und gegenfalls die Hefeflocken hinzugeben und entweder gleich essen oder noch einmal aufköcheln lassen.

Reich an Magnesium, Ballaststoffen

Polenta Kaiserschmarrn

Zutaten

65 g Banane
60 g Polenta
20 g Nussmus
150 ml Kokosdrink
Öl für die Pfanne

Zubereitung

Die Banane mit einer Gabel gut zerdrücken. Anschließend alle Zutaten miteinander in eine Schüssel geben, verrühren und für 20 Minuten ziehen lassen. Danach das Öl in die Pfanne geben und sobald sie etwas erhitzt ist, den Teig in die Pfanne geben. Wenn der Teig Blasen bildet, vorsichtig mit einem Pfannenwender zerstückeln und immer wieder wenden, bis die Stücke von allen Seiten goldgelb sind.

16 Riegel | 15 min. backen | Reich an Ballaststoffen, Eisen, Zink, Magnesium, Kalium

Bananenkuchen Riegel

Zutaten

150 g Banane
150 g Vollkornmehl
30 g Mandelmus
145 g Obstmark
5 g Backpulver
20 g Kokosöl

Zubereitung

Die Banane mit einer Gabel zerdrücken und anschließend mit dem Vollkornmehl, dem Mandelmus und dem Obstmark vermengen. Nun das Backpulver und das Kokosöl hinzugeben und so lange alles miteinander verkneten, bis eine homogene Maße entsteht. Diese auf die Riegelformen aufteilen und bei **175 °C Ober-/Unterhitze für ca. 15 Minuten** backen.

20 min. backen | Reich an: Eisen, Zink, Ballaststoffen, Magnesium, B-Vitaminen, Calcium

Ofen-Porridge

Zutaten

135 g Banane
120 g Haferflocken
30 g Nussmus
100 g Obstmark
10 g Backkakao
250 ml Pflanzendrink

Zubereitung

Die Banane mit einer Gabel zerdrücken oder pürieren. Anschließend alle Zutaten in eine Schüssel geben und miteinander zu einer homogenen Masse verrühren. Diese dann in einer Auflaufform in den Ofen stellen und bei **175 °C Ober-/Unterhitze für 20 Minuten** backen.

2 große Waffeln | 15-20 min. backen | Reich an: Ballaststoffen, B-Vitaminen, Zink, Magnesium, Antioxidantien

Mangowaffeln

Zutaten

100 g sehr reife Mango
150 g Vollkornmehl
10 g Kokosöl
7 g Backpulver
100 ml Pflanzendrink

Zubereitung

Die Mango fein pürieren und anschließend mit den restlichen Zutaten gut verrühren. Diese dann in die Silikonwaffelformen geben und bei **175°C Umluft für ca. 15–20 Minuten** im Ofen backen.

Reich an: Eisen, Ballaststoffen, Calcium, Zink, Protein, Magnesium

Polenta-Frühstücks-Porridge

Zutaten

65 g Polenta
45 g Haferflocken
20 g Nussmus
10 g Chiasamen
320 ml Kokosdrink

Zubereitung

Alle Zutaten miteinander in einen Topf geben und unter ständigem Rühren köcheln lassen, bis die gewünschte Konsistenz entsteht. Vor dem Servieren kann auch wunderbar noch etwas geschnittenes Obst darüber gegeben werden.

Konsistenzverlust beim Einfrieren.

Infoboxen

Vegane Joghurt Alternative

Als vegane Joghurt Alternative bietet sich an, eine ungesüßte Alternative zu verwenden, die dafür B12 und Calcium zugesetzt hat. Beispielsweise auf Basis von Kokos oder Soja.

Hefeflocken

Hefeflocken sind sehr reich an B-Vitaminen. B-Vitamine sind jedoch licht- und hitzeempfindlich und sollten daher dunkel gelagert und erst in das etwas abgekühlte Essen gegeben werden.

Vitamin C

Vitamin C ist sehr hitzeempfindlich. Als Ei-Ersatz ist Obstmark wunderbar geeignet. Es enthält jedoch kaum noch Vitamin C. Diesbezüglich sollte zur Eisenaufnahme lieber eine frische Quelle zur Mahlzeit angeboten werden. Das könnte zum Beispiel ein Stück Orange sein.

Pflanzendrinks

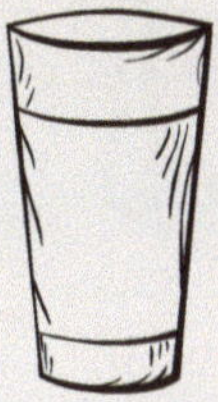

Bei Pflanzendrinks haben Soja- oder Erbsenmilch das beste Aminosäurenprofil (also ein besonders wertiges Protein). Zudem sollte man darauf achten, dass Calcium und B12 zugesetzt sind und auf Zucker verzichtet wird (Vorsicht: Zucker kann viele Namen haben, wie zum Beispiel Maltodextrin). Hafermilch enthält durch den Herstellungsprozess deutlich mehr Zucker, als angegeben ist. Anders ist es bei Hafermilchsorten, auf deren Label 0 g Zucker steht.

Aber auch hier lohnt es sich nicht, etwas zu erzwingen, bloß weil es gesünder ist. Achtet auch darauf, was euch und eurem Kind schmeckt.

Spinat & rote Beete

Spinat und rote Beete wegen ihres Nitratgehaltes besser nicht noch einmal erhitzen. Aufgrund der Hygienestandards ist dies zwar für Erwachsene inzwischen unbedenklich, bei kleinen Kindern ist jedoch Vorsicht ratsam.

Geschirr

Bei Bambustellern darauf achten, dass sie ohne Melanin hergestellt wurden. Melanin könnte sich bei warmen Temperaturen (beispielsweise wenn warmes Essen darauf gereicht wird oder bei der Reinigung) lösen und eine schädigende Wirkung auf die kleinen Esser:innen haben. Zusätzlich sollten sie alle paar Wochen/Monate eingefettet werden (Kokosöl eignet sich super), um nicht spröde zu werden oder sogar zu brechen.

Silikonformen sollten mit möglichst neutralem Spülmittel von Hand gewaschen werden. In der Spülmaschine nehmen sie oftmals den Geruch und Geschmack des Spülmittels an.

Vitamin A

Über vegane Ernährung wird kein Vitamin A aufgenommen, was aber in aller Regel kein Problem ist, da Beta-Carotin ausreichend aufgenommen wird und dieses als Provitamin vom Körper weiter zu Vitamin A verarbeitet werden kann. Vitamin A ist fettlöslich und kann demnach überdosiert werden. Beta-Carotin wird vom Körper dahingegen nur so lange zu Vitamin A umgewandelt, bis der Bedarf gedeckt ist, und kann dementsprechend nicht überdosiert werden.

Tiefkühlbeeren

Tiefkühlbeeren solltet ihr eurem Kind entweder gar nicht oder nur erhitzt anbieten. Zum einen wurden immer wieder erhöhte Pestizidwerte bei solchen festgestellt, zum anderen jedoch auch Verunreinigungen mit möglichen Krankheitserregern wie Hepatitis A. Dies kann besonders für Menschen, die Risikogruppen angehören, gefährlich werden.

Reis

Die Verbraucherzentrale warnt davor, dass Reis häufig mit Arsen belastet ist, was wiederum Krebs auslösen kann. Daher sollte Reis kleinen Kindern nicht öfter als zwei Mal pro Woche angeboten werden. Tatsächlich ist es aufgrund dieser Arsenbelastung auch sinnvoll, geschälten Reis und keinen Vollkornreis zu verwenden, auch wenn dieser weniger reich an Nährstoffen ist. Auch Reiswaffeln sind betroffen, weshalb beispielsweise Linsenwaffeln ein besserer Snack sind.

Hokkaido-Kürbis

Bei Hokkaido-Kürbis kann die Schale mitgegessen werden. Damit sich der Kürbis leichter schneiden lässt, kann er für einige Minuten in einem heißen Ofen gebacken werden.

IMPRESSUM

Karla Ney wird vertreten durch:
Verlagshaus Stopfer

Daniel Stopfer
Gutleutstraße 57
60329 Frankfurt am Main
Deutschland

Lektorat und Korrektorat: Finja Westerhove
Umschlaggestaltung: Nina Heiden
Satz und Layout: Nina Heiden

ISBN Taschenbuch: 978-3-910258-37-2
ISBN Hardcover: 978-3-910258-38-9

www.verlagshaus-stopfer.de

?!...

Solltest du Fragen, Kritik oder Anregungen haben, freuen wir uns jederzeit über deine Nachricht! Schreibe hierzu einfach eine Mail an:

info@verlagshaus-stopfer.de

HAFTUNGSAUSCHLUSS

Dieses Buch enthält Meinungen und Ideen der Autorin und hat die Absicht, Menschen hilfreiches und informatives Wissen zu vermitteln. Die enthaltenen Hinweise und Methoden passen möglicherweise nicht zu jedem Leser, und es gibt keine Garantie dafür, dass sie auch wirklich bei jedem funktionieren.

Die Benutzung dieses Buches und die Umsetzung der darin enthaltenden Informationen erfolgt ausdrücklich auf eigenes Risiko. Haftungsansprüche gegen die Autorin oder den Verlag für Schäden materieller oder immaterieller Art, die durch die Nutzung oder Nichtnutzung der Informationen bzw. durch die Nutzung fehlerhafter und/oder unvollständiger Informationen verursacht wurden, sind ausdrücklich ausgeschlossen.

Das Werk, inklusive aller Inhalte, gewährt keine Garantie für Aktualität, Korrektheit, Vollständigkeit und Qualität der bereitgestellten Informationen. Druckfehler und Fehlinformationen können nicht vollständig ausgeschlossen werden.

DISCLAIMER

Wir bemühen uns um eine genderkonforme und inklusive Wortwahl. In manchen Fällen wird jedoch zugunsten der Lesbarkeit das generische Maskulinum verwendet. Demnach wird teilweise oder gänzlich auf die Verwendung genderspezifischer Sprache verzichtet. Alle Geschlechteridentitäten werden ausdrücklich mitgemeint, soweit die Aussagen dies erfordern.